Lk 280.

LA CORSE

VEUT ET DOIT DEMEURER

FRANÇAISE.

RÉPONSE A M. TOMASEO.

PARIS,
IMPRIMERIE DE BACHELIER,
Rue du Jardinet, 12.

1847

LA CORSE
VEUT ET DOIT DEMEURER
FRANÇAISE.

RÉPONSE A M. TOMASEO.

Depuis que certains écrivains de la Jeune Italie rassemblent, coordonnent et disposent dans leur esprit les éléments épars de ce qu'ils nomment l'*union fédérative* ou l'*unité péninsulaire*, on s'est demandé si la Corse ne doit pas rentrer, tout aussi bien que les duchés de Toscane et de Lucques, dans ce travail de reconstitution, dans cette fusion générale.

Au nombre de ceux qui ne balancent point à poser ainsi et à résoudre affirmativement cette question délicate, figure, en première ligne, M. Tomaseo, littérateur, également distingué par la noble franchise du caractère et la hardiesse originale de la pensée.

Cette opinion, contre laquelle chaque Corse, jaloux et fier du titre de citoyen français, doit réclamer avec énergie, cette opinion que, pour mon compte, je repousse tout le premier comme fausse en elle-même et dangereuse pour mon pays, vient d'être exposée dans un ouvrage récemment publié (1).

Tant qu'elle n'avait trouvé place et ne s'était produite que dans des causeries confidentielles et fugitives, nous ne nous en sommes

---

(1) *Lettres de P. Paoli*, avec Notes et Introduction, par M. Tomaseo. 1 gros volume de 656 pages, imprimé à Florence.

guère inquiété ; il y a plus : l'expression de ces regrets, le désir de cette alliance flattaient jusqu'à un certain point notre orgueil national ; les peuples, comme les individus, attachent toujours du prix à l'opinion de ceux qu'ils estiment.

Mais, du moment où de pareilles idées, ne se renfermant plus dans les limites d'une discussion oiseuse et sans but marqué, cachent ou plutôt témoignent d'une aversion secrète envers la France ; du moment où elles pourraient présenter le danger, non de dissoudre, mais d'affaiblir les liens qui nous attachent à la mère-patrie, nous considérons comme un devoir de les combattre.

M. Tomaseo est un de ces hommes qui semblent regretter le plus que la Corse ait cessé d'appartenir à la Péninsule italique pour devenir un département français.

L'association politique, disent ces écrivains, alors surtout qu'elle est imposée par la puissance des armes plus qu'elle n'est librement acceptée par les peuples, ne peut rien contre la communauté de la langue, des traditions, des mœurs et des monuments historiques. Tout, en Corse, ramène forcément vers l'Italie, tout y rappelle cette ancienne origine. On ne peut y faire un pas sans remarquer les traces ineffaçables du passé, tellement que le contact, les rapports journaliers avec la France, pas plus que la conformité des institutions, ne peuvent les détruire. Cette empreinte, on la retrouve encore dans la forme extérieure des temples, dans le costume des habitants, dans les pratiques de la vie dévote, et jusque dans les détails les plus intimes de la famille.

On a beau faire : livrée à sa pente naturelle, la Corse chercherait bientôt à se rapprocher de l'Italie dont elle est un démembrement, de même qu'une rivière détournée violemment du lit où elle avait l'habitude de couler, y rentre sans effort aussitôt qu'elle ne rencontre plus d'obstacle. La France a pu la soumettre par les armes, elle n'a pas eu le pouvoir de la changer ; Française par la force des lois, elle est demeurée Italienne par la force des souvenirs. L'association, quoi qu'on en dise, est bien loin d'être complète. L'élément français a pu pénétrer dans une classe de la société corse, on le chercherait en vain dans les masses ; bien des années s'écouleront avant qu'il y occupe une aussi large place que l'élément italien. N'y eût-il entre les deux peuples d'autre affinité, d'autre lien que l'identité des langues, qu'il ne faudrait pas renoncer à l'espoir de leur prochaine réunion.

Voilà quels sont, en résumé, les vœux, les regrets et les raisons qui portent certains publicistes de la Jeune Italie à prêcher la séparation de la Corse d'avec la France. S'ils varient dans la forme et l'expression des sentiments qu'ils manifestent tout haut dans leurs discours, comme dans leurs écrits, ils s'accordent parfaitement sur le but. C'est surtout dans la prévision et l'attente des événements politiques qui se préparent de ce côté des Alpes, c'est dans la conviction que les Corses, naturellement audacieux et entreprenants, pourraient les aider à s'affranchir de la domination étrangère, que les ardents promoteurs de ce mouvement de régénération rappellent sans cesse la mémoire du passé, et en même temps cherchent à nous émouvoir aussi par le touchant tableau de leurs souffrances actuelles, persuadés que la pitié pour les victimes se changera bientôt en fureur contre l'absolutisme des hauts vassaux de l'Autriche.

Oui, nous concevons parfaitement que dans la lutte qui paraît devoir s'engager sérieusement entre les partisans du *statu quo* et les hommes du progrès, entre la liberté et le despotisme, lutte inévitable, prochaine, qui se manifeste déjà partout où la réaction passe de la sphère des idées dans le domaine positif des faits; nous concevons que les Italiens, honteux de s'être laissés devancer dans la voie des réformes utiles par les novateurs si lents en apparence et si peu enthousiastes de la Prusse, désirent se ménager, de loin, des forces et des appuis. Certes, le renfort qui pourrait leur venir de ce côté ne serait pas à dédaigner. Le courage de notre belliqueuse jeunesse ne faillirait pas plus que son dévouement. Que l'Italie jette le défi à l'oppression étrangère, qu'elle se place résolument sur le terrain de l'émancipation politique, nul peuple ne se réjouira plus sincèrement que nous de cette courageuse tentative. Nous redirons aujourd'hui ce que nous écrivions à une autre époque : « A-t-on besoin de notre
» sang, de nos bras; croit-on que pour marcher les premiers au poste
» du péril, que pour frapper des coups hardis, que pour apprendre
» aux autres comment on chasse les étrangers de chez soi, il soit
» nécessaire de l'élan, du courage de notre jeunesse; eh! mon Dieu,
» rien de plus facile : qui pourrait, en effet, regretter un seul in-
» stant la vie, quand il s'agit du triomphe d'une cause aussi belle et

» aussi juste? » C'est précisément parce que nous avons été malheureux et opprimés que nous connaissons tout le prix de la liberté; souvent trompés, nous comprenons la nécessité des garanties politiques; fiers, nous savons mieux que personne combien il est dur et humiliant de perdre, avec la nationalité, ce premier de tous les biens, l'estime des nations libres et le droit de porter au milieu d'elles la tête haute; nous comprenons surtout la confusion que doivent éprouver les jeunes progressistes de la moderne Italie, chaque fois que passant à côté des monuments encore debout de son ancienne indépendance, ils sont obligés de presser le pas ou de détourner le visage pour en cacher la rougeur. Est-ce à dire pour cela qu'il y ait parmi nous des hommes disposés à se séparer de la France? Parce qu'on s'intéresse au sort de l'Italie, faut-il en conclure que nous sommes moins dévoués à la France? Ce serait là une fâcheuse erreur, dont il faut que nos voisins se détrompent. Ce qu'il y a de vrai, de sincère, dans ces démonstrations d'intérêt pour elle, c'est que nous serions prêts à tout sacrifier pour l'affranchissement d'une contrée, où des centaines d'entre nous passaient autrefois les plus belles années de la jeunesse; dans ces villes que tous les arts se sont disputé le soin d'embellir, et auxquelles un pouvoir ombrageux interdit jusqu'au droit de *relever les statues des héros qui les rendirent célèbres.* Oui, dans ce sacrifice général de nos biens, de nos vies, de tout ce que nous possédons de plus précieux, et que chacun de nous serait prêt à faire, nous ne réservons qu'une chose, c'est le titre de citoyen français. Ce titre, que nous tenons du libéralisme généreux et intelligent de la Constituante, et que nous avons largement payé avec le sang de plus de quarante mille d'entre nous, ce titre si respectable, et autrefois si respecté, sur lequel nos généraux et nos diplomates ont aussi jeté leur part d'éclat, nous est trop cher, il a trop de valeur à nos yeux pour que nous soyons tentés de l'échanger contre celui qu'on voudrait nous offrir. Quel prix d'ailleurs peut avoir le nom d'Italien tant qu'il demeure entaché de la honte de la servitude? Si vous voulez que les peuples désirent votre amitié et ambitionnent votre alliance, que ne suivez-vous, de concert, l'exemple des nations qui, de concessions en concessions, ont amené des monarques absolus à établir malgré eux le système représentatif?

Voyez la Prusse, disions-nous tout à l'heure ; n'a-t-elle pas déjà sa charte des droits, avec une tribune pour les soutenir et les défendre ?

Ce que le Piémont, Naples, la Lombardie, la Toscane et tous les autres petits États de la Péninsule, rêvent d'institutions et de franchises dans l'ordre politique, est déjà un fait réel, un fait accompli. Déjà la Prusse est en pleine possession d'une diète qui, bien plus mûre, bien plus avancée dans l'entente et la pratique du gouvernement représentatif, que les cortès espagnoles, les assemblées délibérantes de la Belgique, du Portugal et de la Grèce, joint à une parfaite intelligence des débats parlementaires, la ferme volonté d'accomplir jusqu'au bout sa noble mission.

Il est vrai que comprenant à son tour l'origine, le caractère et le but de la papauté, fort de l'immense popularité dont il est entouré, ferme dans la pensée de poursuivre à travers les difficultés et les résistances si tenaces qu'elles soient et de quelque côté qu'elles viennent, la suppression des abus et la satisfaction des besoins légitimes, le saint-père, fidèle aussi aux doctrines et aux convictions de sa jeunesse, ne se laissant arrêter dans la voie des réformes utiles, ni par le sourd mécontentement des cours absolutistes, ni par les impuissantes clameurs des ordres monastiques, pas plus que par les sinistres présages de quelques prélats fanatiques ou rétrogrades, veut que la croix de bois redevienne, au xixe siècle, ce qu'elle était aux plus beaux jours du christianisme, un signe d'affranchissement et de délivrance : politique prévoyante et sage, qui, en prévenant une explosion imminente, raffermit, mieux que ne pouvaient le faire les baïonnettes stipendiées des Suisses, le trône chancelant de saint Pierre, donne des garanties aux peuples sans rien ôter à la force du pouvoir, fait succéder, sans secousse, la joie au désespoir, et à un concert d'amères doléances, de fréquentes démonstrations de respect et de sympathie.

Se serait-on imaginé, il y a deux ans, qu'une large et généreuse amnistie aurait ouvert le chemin du sol natal devant les notabilités les plus compromises de l'émigration italienne ? Pouvait-on espérer surtout que la direction des affaires serait confiée à ceux des cardinaux qui se sont prononcés avec le plus de persévérance et d'énergie en faveur des institutions nouvelles ?

Cependant nous avons lieu de craindre que les autres États de l'Italie, malgré cet ébranlement général, ne restent longtemps encore sous la dépendance et la soumission des princes étrangers. La raison de nos craintes, c'est qu'ils sont divisés sur les moyens qui peuvent les mener plus promptement à cette régénération à la fois politique et sociale.

En effet, deux opinions sont en présence :

L'une veut que l'on renonce, sans retour, à ce qu'elle nomme l'utopie trop longtemps caressée de l'unité péninsulaire. Plus de conspirations secrètes, plus de révoltes à main armée, ni contre l'Autriche, ni contre les princes nationaux. Elles ont fait couler assez de sang et de larmes, sans que la liberté ait fait un seul pas de plus. Le parti le plus sage, celui que conseillent l'expérience et la raison, est d'attendre du temps, du progrès des lumières, de l'influence de la presse libérale, les modifications que comporte la forme actuelle du gouvernement (1).

L'autre, qui ayant plus de confiance dans les faits que dans les idées, dans les coups de main que dans les théories, voudrait brusquer le mouvement de la réforme, soit parce qu'elle est convaincue que le bon droit a souvent besoin de l'appui de la force et que les souverains accordent à la peur ce qu'ils refusent à la justice; soit parce qu'elle sait, par une triste expérience, que consentir à l'ajournement des concessions reconnues urgentes et nécessaires, c'est exposer d'avance les peuples à l'amer dépit d'avoir été trompés et les gouvernements à l'odieux des déceptions. Bien plus : à ceux qui l'engagent à la patience et à la modération, la Jeune Italie, ou plutôt la fraction la moins timide, la plus progressive de cette Jeune Italie, répond par ce dilemme : Ou les innovations que l'on demande sont utiles et nécessaires, ou elles ne le sont pas; dans le premier cas, on ne saurait trop se hâter; dans le second, il faut y renoncer entièrement. Le précepte *hâtez-vous lentement*, qui peut être excellent en littérature, est fort mauvais en politique.

On a beau rappeler à ces impatients novateurs que les mouvements à main armée, surtout quand ils sont prématurés et partiels, n'aboutissent d'ordinaire qu'aux prisons d'État et à la potence. Les jeunes gens

---

(1) *Le Speranze dell' Italia.*

qui, d'ordinaire, agissent plus qu'ils ne raisonnent, tiennent peu compte des enseignements de l'histoire.

Sans avoir nullement la prétention de connaître et de décider mieux que les Italiens ce qui convient davantage à l'état actuel de leur patrie, nous prendrons la liberté de faire observer à M. Tomaseo et à tous les écrivains qui, comme lui, sont appelés à exercer, par la supériorité du talent, la chaleur et l'élévation de leurs écrits, une influence décisive sur les classes éclairées de leur pays, que les Corses ne seront pas les derniers à applaudir à leur généreux effort. Mais qu'ils ne cherchent point à les détacher de la France, car ils s'exposent bien certainement à voir l'intérêt si sympathique dont nous sommes disposés à leur donner des témoignages éclatants, se changer tout à coup en une indignation profonde et universelle. Et comment peut-on s'abuser au point d'espérer que la Corse consentirait à se séparer de la France? Ignore-t-on que si son incorporation politique dans ce grand empire ne date que de l'ère révolutionnaire, l'alliance morale, c'est-à-dire l'union des cœurs, l'échange des sentiments et des idées, en un mot, les relations amicales remontent bien au delà du XVIe siècle? Depuis Charles-Martel jusqu'à François Ier, depuis Henri II jusqu'à Louis XVI, l'histoire de ces deux peuples ne renferme-t-elle pas, à des intervalles bien rapprochés, des marques réciproques de sympathie et de dévouement? Alors même que la Corse ne prendrait pour règle de conduite que ses intérêts, elle dirait avec Paoli (1) : « Il im-
» porte que nous soyons attachés de cœur à la France, car elle nous
» offrira toujours beaucoup plus d'avantages que toute autre nation.
» Quelle que soit la situation que le sort me réserve, dites à ceux qui
» me connaissent bien que je ne serai jamais indifférent à la liberté
» de la France. Si ce peuple retombe dans la servitude, adieu toutes
» les espérances de la liberté, spécialement pour les petits États. Telle
» sera toujours ma façon de penser ; résolu de demeurer dans cette
» ligne de conduite, on me verra sans cesse occupé du soin d'assurer à
» ma patrie une liberté combinée avec celle des Français. » Par quelle fatalité, un concours de circonstances imprévues vint-il démentir en un instant ces assurances de dévouement à la mère-patrie?

Mais revenons à M. Tomaseo. Cet écrivain se demande ce que la

---

(1) *Lettre de Paoli au député Andrée*, en date du 19 avril 1793; TOMASEO, pag. 403.

Corse a gagné et gagne en définitive dans son association avec la France. Est-ce le stérile honneur de figurer au nombre de ses quatre-vingt-trois départements qui l'a compensée de la perte de sa nationalité? Nous reconnaissons avec lui qu'elle aurait pu faire davantage pour l'amélioration du pays et le bonheur de ses habitants; mais il s'en faut bien que l'Italie, malgré le voisinage de ses côtes, le spectacle continu de nos malheurs, ces longs cris de souffrance qui devaient l'émouvoir d'autant plus aisément qu'ils étaient poussés *dans une langue commune*, ait acquis autant de titres que la France à la gratitude et à l'amour de nos pères. Les duretés et l'avilissement de la servitude, les périls de la résistance et les maux de la soumission, n'est-ce pas aux républiques de Pise et de Gênes qu'il faut en demander compte? Ce n'étaient pas les rois de l'ancienne monarchie qui, avec les fers, nous envoyaient d'avides collecteurs pour enlever le dernier écu à des contribuables nécessiteux; des juges pour vendre la justice et armer ainsi le bras de l'offensé du glaive de la vengeance privée; des soldats mercenaires pour tuer dans les combats ou traîner dans de sombres cachots ceux qu'ils n'avaient pu ni séduire par la promesse des grades, ni gagner par l'appât de l'or; des prêtres pour scandaliser les fidèles par le cynisme de leur vie et le sacrilége trafic des sacrements de l'Église; des gouverneurs qui, insultant par le luxe d'une cour vicieuse et déhontée aux misères du pays, appelaient rebelles ceux qui ne voulaient pas être esclaves, voyaient la sédition dans le refus de la flatterie, l'honneur dans la trahison et la vertu dans la bassesse des sentiments.

Chaque fois que ces gouvernements tyranniques poussèrent les Corses du désespoir à l'insurrection; chaque fois que de courageuses tentatives d'affranchissement montrèrent à l'Europe émue et étonnée tout ce qu'un peuple, aidé de l'énergie du caractère et fort de la justice de sa cause, peut tenter de grand et d'héroïque; chaque fois qu'il voulut prouver à ses odieux détracteurs que, chez lui, la passion de la liberté s'alliait parfaitement à l'amour de l'ordre; chaque fois que, poursuivant à travers les périls des soulèvements et les cruelles privations de l'état de guerre, non pas une sauvage indépendance, mais bien plutôt une démocratie tempérée, où l'on pût trouver, avec la stabilité et la marche régulière de la monarchie, tout ce que le système républicain promet et assure de droits et de libertés, nous le demandons, ces oligarchies égoïstes et marchandes n'employèrent-elles pas tour à tour la violence et la ruse pour l'empêcher d'arriver à une condition plus heureuse? Ce fut en vain que Sanpiero, que j'appellerai la nationalité armée, au XVIe siècle, sollicita, pour la consolider après l'avoir conquise, l'assistance ou tout au moins la médiation des maisons souveraines ou des républiques de l'Italie.

Plus tard, quand la lutte recommença plus vive, plus acharnée sous d'autres chefs, sinon aussi intrépides, du moins tout aussi dévoués que l'ancien colonel des Corses, l'Italie se montra-t-elle plus sensible à nos maux? la vit-on relever notre courage abattu? En aucune façon. Tandis que, du fond de la Germanie, s'échappaient des paroles de blâme contre l'injuste agression de la Ligurie; tandis que, du sein de nations bien plus éloignées, nous arrivaient des secours et des défenseurs, l'Italie seule assistait, dans une froide impassibilité, au meurtre d'un peuple dont tout le crime était de préférer la *guerre* à l'esclavage.

A une époque plus rapprochée de notre temps, alors que, manquant de tout, excepté de courage, elle demandait un peu d'argent pour acheter des armes, on l'engageait à renoncer à une résistance inutile; montrait-elle ses plaies saignantes, on lui conseillait la patience et la résignation. Se bornait-elle à demander, pour tout appui, l'intervention pacifique des cours de Rome, de Florence, de Milan, de Ferrare; on répondait encore que la prudence ne leur permettait point de se départir de la ligne d'une stricte neutralité, et que c'eût été s'en écarter, au risque de troubler la paix de l'Europe, que de plaider la cause des opprimés. Des vœux stériles et de fugitifs regrets, c'était tout ce qu'elles pouvaient offrir. Elles désiraient pourtant, disent les historiens de la Péninsule, que des circonstances moins graves leur eussent permis de prendre plus ouvertement notre défense, ou de faire mieux entendre la voix de l'humanité. C'est possible. Nous ne voulons pas douter de la sincérité de ces sentiments. Peut-être y avait-il plus de peur que de dureté dans la conduite des princes italiens. Le sénat de Gênes, tout-puissant alors, n'aimait pas que l'on se mêlât de ses affaires, à moins que ce ne fût pour mieux servir les vues de sa politique étroite et jalouse.

La France agit autrement; et si, après le désastre de Saint-Quentin et la paix honteuse qui en fut le fâcheux résultat, elle oublia un instant ses intérêts et les nôtres, les vifs regrets avec lesquels son escadre s'éloigna de nos rivages, disaient assez quel prix elle attachait à l'alliance des deux peuples. Il ne fallut rien moins que les impérieuses nécessités de la politique, remarque un historien, pour la déterminer à cette brusque évacuation. Une douce pensée vint tempérer la douleur de la séparation : ce fut l'espoir du retour.

En effet, les sympathies ne tardèrent guère à se manifester. Un soulèvement général ayant ébranlé de nouveau la domination ligurienne, le cabinet français se prononça ouvertement en faveur de la Corse. D'abord, il essaya de la voie pacifique et modérée de la diplomatie; puis, quand il vit que sa haute médiation n'apportait aucun soulagement aux maux du pays, que la promesse des garanties demandées n'était qu'une amère dérision; enfin, quand il acquit la certitude qu'il ne restait plus d'autre alternative que l'esclavage ou la guerre, l'appareil des armes succéda aux notes inoffensives de l'ambassade. Une flotte sortie pour la seconde fois des eaux de Toulon vint bientôt jeter sur nos côtes des bataillons de soldats et des pièces d'artillerie. De jeunes et braves officiers, appartenant à la noblesse militaire, se disputèrent l'honneur de combattre pour notre liberté. Le drapeau de Fontenoi fut salué par les populations du littoral d'abord, et bientôt après par la terre de commune, cet antique foyer du patriotisme, le berceau de sa nationalité, comme le signal de l'affranchissement et le symbole de son émancipation politique.

Nous le demandons encore, que faisaient dans cet intervalle toutes ces cités si riches de leur commerce, si fières de leurs palais de marbre et des forces de leur marine? elles tremblaient pour la domination ligurienne. Pas une marque de sympathie pour nos généreux sauveurs, pas un mot de blâme contre nos ennemis, pas la plus légère démonstration en notre faveur. L'expulsion des Génois fut l'ouvrage de la France, aidée et héroïquement soutenue dans cette lutte glorieuse par l'intelligente activité et le courage des indigènes.

Qu'on ne dise donc pas qu'il y a toujours entre la Corse et l'Italie communauté de biens et de maux, de revers et de succès. Qu'on ne dise pas que le sang qui coule dans les artères de ces deux peuples a une source commune, que cette alliance formée par la nature est plus forte et moins soumise à la chance si incertaine des événements; qu'on ne dise pas, en d'autres termes, que l'Italie *c'est nous*. Cela, qu'il n'en déplaise à M. Tomaseo, est cent fois plus vrai quand on l'applique à la France, corps puissant avec lequel nous formons un tout compacte, si bien qu'une même pulsation fait battre nos cœurs, et une même pensée mouvoir nos bras.

Vainement dirait-on que c'est elle qui est venue en 1765 interrompre le cours de nos succès; que sans la brusque descente de ses troupes sur nos rivages, la Corse eût été à jamais délivrée de la domination étrangère; que c'est devant cette violente invasion que s'écroula l'édifice à peine raffermi de notre nationalité naissante.

Nous répondrons que cette intervention armée fut le crime d'un ministre, la France en repoussa la solidarité par les écrits de ses publicistes: d'un autre côté, les protestations si fermes, si unanimes de tout ce qu'elle comptait d'hommes généreux et libres, apprit à la Corse que dans l'armée expéditionnaire il y avait plus de futurs alliés que de véritables ennemis, et que le jour n'était pas éloigné où, à des actes d'hostilité forcés, allaient succéder des démonstrations spontanées d'estime et de bienveillance; à l'irritation et aux alarmes de la guerre, les rapprochements et les joies de l'adoption politique.

Ce fut, en effet, ce qui arriva onze ans après.

L'Assemblée nationale voulut la dédommager en un jour de tout ce qu'elle avait souffert de rigueurs et d'humiliations, pendant le régime brutal de la conquête. Le pouvoir civil, avec ses formes moins sévères et son respect pour la légalité, remplaça le gouvernement du sabre, conséquence presque nécessaire de toute occupation armée, s'appuyant, pour soumettre le peuple vaincu, sur la puissance des baïonnettes, beaucoup plus que sur l'influence morale des institutions, sur le dévouement du soldat, plus que sur les exemples d'une administration prévoyante sans être ombrageuse, et paternelle sans faiblesse. Depuis cette époque, les désignations irritantes de vainqueur et de vaincu, de métropole et de colonie, de maîtres et d'esclaves, ne vinrent plus blesser les uns et enorgueillir les autres. Les relations s'établirent sur le pied d'une parfaite égalité. Le talent et le courage ouvrirent aux Corses les carrières civiles et militaires. Plusieurs d'entre eux marchant avec éclat à côté de ce que la France eut de plus illustre, y atteignirent aux premières dignités de l'État. Napoléon qui, sous la république de Gênes, fût demeuré inaperçu dans la petite ville d'Ajaccio, ou n'eût échappé à la persécution, ce sort commun de tous ses compatriotes à l'âme élevée, que par l'obscurité ou l'expatriation volontaire, Napoléon s'élevait du commandement des armées, et, de triomphe en triomphe, au premier poste de la République.

Demandons-nous, maintenant, ce que nos pères ont obtenu, ce que nous aurions pu espérer de notre association politique aux destinées de l'Italie, de cette Italie dont la Corse ne serait pourtant, si nous devons en croire M. Tomaseo, qu'un lambeau détaché, mais encore plein de vie, s'agitant visiblement pour reprendre, dans la reconstitution de sa nationalité, la place que lui assignent sa position géographique, les réminiscences du passé, les traditions de l'école, et, plus que le reste, la communauté de la langue. Nous avons déjà démontré que c'est là une erreur: car, s'il était vrai, géographiquement parlant, que la Corse fût italienne, il y aurait, à notre sens, plus de logique, plus de raison à soutenir qu'elle appartient, par droit de voisinage, à la Sardaigne; car, enfin, Bonifacio est à une heure seulement de navigation de ses ports. Eh! qu'importent les distances! empêchent-elles de s'entendre et de marcher sous l'empire d'une pensée commune?

Puisque l'occasion de s'expliquer nettement sur cette question s'est présentée, nous le ferons en nous reportant un peu plus haut dans l'histoire. Prenons au hasard un exemple sur mille.

Lorsque les ducs de Milan et le roi d'Aragon exercèrent sur cette île tous les droits de la souveraineté, de quoi s'occupaient-ils? De son bonheur? c'était le dernier de leur souci. La garder pour la revendre au plus offrant et dernier enchérisseur, supputer ce qu'elle pouvait valoir, l'écraser sous le poids des tailles, en décimer les habitants sous le prétexte d'y réprimer l'insurrection, y perpétuer le foyer des guerres intestines pour l'empêcher de tourner les armes contre l'ennemi commun: c'était là toute la politique de leur temps.

Nous défions M. Tomaseo de citer un seul acte qui ne fût empreint de cupidité ou de tyrannie, une mesure qui ne tendît à aggraver la somme déjà si lourde des maux qui pesaient sur ces malheureux insulaires; un seul jour qui ne fût marqué par quelque souffrance nouvelle et par un concert de légitimes doléances.

Les papes ne la gouvernèrent ni avec plus de douceur ni avec plus de justice. La Corse passait d'une main à l'autre, ne s'apercevant du changement de domination que par l'accroissement des charges et de plus grandes restrictions aux droits du peuple. On oubliait alors que *nous portions les mêmes noms, que nous naissions sous le même ciel, qu'une même mer baignait nos côtes, que nos temples étaient l'œuvre d'artistes italiens, que nos enfants avaient eu aussi pour guides des maîtres, des savants professeurs de ce pays, que les galères avaient été souvent commandées par nos marins;* que le saint-siége n'avait jamais eu une garde plus fidèle que la garde corse; que nulle part il n'avait trouvé ni une foi plus vraie, ni plus de répugnance contre les doctrines et les innovations qu'introduisaient, dans les autres provinces de la catholicité, les sectes religieuses.

S'il en est ainsi, pourquoi la Corse regretterait-elle de n'être plus ce que l'on voudrait qu'elle fût, une dépendance secondaire, une simple annexe de la Péninsule italique?

Nous avons vu quel avait été son sort aussi longtemps que des souverainetés jalouses et rivales s'en disputaient tour à tour la domination.

Que l'on veuille bien nous dire quels sont les travaux utiles qui témoignent encore de leur sollicitude pour le bien-être matériel du pays; qu'on nous montre les améliorations qui, en prouvant les dispositions bienveillantes et les vues progressives des gouvernants, imposent aux gouvernés le devoir de la reconnaissance. Les donjons de Terra-Nova, les débris des tours et des châteaux crénelés, tels sont les monuments de leur amour, les seuls gages encore debout de l'intérêt qu'ils portaient à la Corse.

Dans sa haine contre la France, l'auteur de l'ouvrage dont la lecture nous a suggéré ces réflexions va jusqu'à nous gourmander parce que nous avons condamné, quoiqu'à regret, la conduite politique de Paoli en 1794. Vient ensuite une sortie violente contre la Convention, qui l'avait mandé à la barre, sur la dénonciation des clubs du Midi.

Nous n'entreprendrons pas ici la justification de cette redoutable Assemblée. Cette tâche, réservée à des historiens qui auront assez de courage et d'indépendance pour s'élever au-dessus des préventions et de toutes les clameurs des partis, au milieu desquelles la vérité n'a pu encore faire entendre sa voix impartiale et ferme; cette tâche, ayons la franchise de le dire, n'a été remplie qu'à demi. Il faudra pourtant qu'un homme de cœur aborde enfin sans détour, sans pusillanimes ménagements, cette grande période de nos annales révolutionnaires. Que sa place parmi les écrivains de l'époque serait belle, si, écartant d'une main hardie l'horreur dont elle est toujours entourée, il montrait de l'autre les factions comprimées au dedans, les armées victorieuses au dehors, l'intégrité territoriale maintenue, et la coalition des rois dissoute par la fermeté de ses décrets autant que par la vaillance de nos phalanges républicaines. Avec quel plaisir ne le verrions-nous pas rappeler les droits de cette Assemblée tant calomniée, à l'estime et à l'admiration de tous ceux qui, ne mettant rien en balance avec l'indépendance nationale, placent l'énergie des résolutions et la haine de l'étranger au rang des vertus dont s'honorent le plus les corps politiques! Quel beau spectacle n'offrirait-il pas à la France, s'il la représentait au plus fort de la crise, s'élevant, par son dévouement désintéressé à la patrie, au-dessus du sénat romain, exposant la tête de ses membres au fer de l'ennemi et leur mémoire à l'exécration de la postérité et l'exposant à Paris avec aussi peu de regret que les commissaires auprès des armées républicaines exposaient leurs jours à la frontière : double sacrifice, abnégation sublime, dont il n'appartenait qu'à elle de donner le noble exemple à l'Europe, tout à la fois surprise et effrayée. Que mon nom soit flétri, s'écriait le Mirabeau des faubourgs; mais que la France soit libre!

M. Tomaseo n'a pour la Convention que du mépris et des anathèmes; nous comprenons ce jugement sévère. Quand on ne veut tenir aucun compte des douloureuses nécessités de cette époque, sans exemple dans l'histoire; quand on ne l'isole point des scènes d'horreur qui marquèrent son cours; quand, dans l'examen, le sentiment prend la place de la raison, et que les sombres tableaux de quelques historiens passionnés forment les seules pièces de ce grand procès, l'indignation peut être permise. Mais ce qu'on ne conçoit pas également, c'est que l'on enveloppe dans cette injuste colère les personnes qui ne la partagent point. Est-il juste, est-il raisonnable de voir des apologistes de ce qu'il appelle le régime de la terreur, dans quiconque ne condamne pas indistinctement toutes les mesures de salut public?

Aux injures, aux imprécations dont M. Tomaseo poursuit la révolution française, nous répondrons par le passage suivant extrait de l'*Histoire des Girondins*, si admirable de pensée et de style.

Après avoir fait remarquer que la révolution était dans l'idée qui forçait ces hommes à l'accomplir et non dans ceux qui l'accomplissaient, l'illustre écrivain poursuit ainsi : « Tous ces instruments » étaient viciés, corrompus et personnels; mais l'idée était pure, » incorruptible, divine. Les vices, les coteries, les égoïsmes des » hommes devaient produire inévitablement dans les crises ces chocs, » ces violences, ces perversités et ces crimes qui sont aux passions » humaines ce que sont les conséquences aux principes. La pensée la » plus sainte, la plus juste, la plus pieuse, quand elle passe par » l'imparfaite humanité, n'en sort qu'en lambeaux et en sang; ceux » qui l'ont conçue ne la reconnaissent plus et la désavouent. Mais le » sang, qui souille les hommes, ne tache point l'idée; et malgré les » égoïsmes qui l'avilissent, les forfaits qui la déshonorent, la révo- » lution souillée se purifie, se reconnaît, triomphe et triomphera. » L'écrivain italien parle des conventionnels comme s'il n'y avait parmi eux que des Marat. On a voulu les élever à la hauteur des héros de l'antiquité, parce que dans des instants d'ivresse et de délire, la populace des faubourgs leur décerna les honneurs de l'apothéose. Mais qu'ont-ils donc accompli, s'il vous plaît, de si héroïque ? « Quoi! répondrons-nous à M. Tomaseo, avec un de nos meilleurs journaux, briser tout un ancien monde; implanter fortement dans le sol, dans les esprits, dans les intérêts, les fondements d'un monde nouveau; avoir la France dévorée par la guerre civile et l'Europe sur les bras, et, au milieu de ces déchirements, supporter hardiment le choc des deux Comités; poursuivre ses desseins sans fléchir, lutter contre l'univers conjuré, affranchir une nation, sauver un territoire, creuser de ses mains le tranquille et vaste lit des sociétés européennes en y jetant le torrent des révolutions; renouveler chaque jour des prodiges d'activité, de courage, de sublime énergie; braver la mort, braver même une passagère infamie pour obéir aux élans de sa conscience et de son dévouement, voilà ce qu'ils ont fait ces hommes de peu qui auraient bien de la peine à soutenir leur réputation. »

Il est un autre point sur lequel il nous est impossible de tomber d'accord avec M. Tomaseo; c'est l'endroit où il réfute notre opinion sur la conduite politique de Paoli dans ses relations avec les Anglais.

M. Tomaseo ne comprend pas trop comment on puisse concilier la

vénération toute filiale pour la mémoire de Paoli, avec le regret que nous avons exprimé sur sa défection, en présence de la flotte anglaise, fumante encore de l'incendie de Toulon. M. Tomaseo n'est pas le seul écrivain qui, sur ce point, soit avec nous dans une complète dissidence de sentiments. On lit à la page cxxxiv de son livre : « Dans
» la pensée de Paoli, la Corse s'unissait à l'Angleterre, non comme
» une colonie, mais en conservant sa nationalité, sa religion, ses
» lois, avec le pouvoir de modifier celles des dispositions réglémen-
» taires qui ne se seraient point accordées avec ses intérêts et ses
» mœurs. »

D'abord, M. Tomaseo est forcé de reconnaître que la constitution anglaise fut bientôt éludée avec adresse, puis méconnue directement dans ce qu'elle consacrait de droits précieux et de garanties importantes. Ainsi, pour ne citer qu'une seule atteinte à ce pacte sacré, le jury ne fut-il pas suspendu? La liberté individuelle ne tarda pas à être, à son tour, menacée, et le droit d'exprimer librement son opinion sur la marche de l'administration et les événements du dehors demeura aussi sans garantie. Les plus courageux en furent réduits à se taire ; Paoli lui-même, que protégeaient cependant la gloire de sa vie antérieure, l'amour de ses compatriotes et son immense popularité, ne fut-il pas en butte également à de violentes attaques? Qui ne sait que, dénoncé par des traîtres au vice-roi Elliot, et par celui-ci au cabinet de Saint-James, on ne lui laissa plus d'autre choix que l'exil ou la prison? « Parce qu'il se rencontra parmi les
» Corses des hommes assez abjects, assez méprisables pour se jouer
» de la sainteté des serments politiques en violant la constitution
» qu'ils avaient promis solennellement à la face du pays de main-
» tenir et d'observer, est-il juste, poursuit M. Tomaseo, de dé-
» verser sur le général Paoli l'opprobre qui ne doit atteindre que
» d'ambitieux intrigants? »

Non assurément; telle n'a jamais été notre intention : le seul reproche que nous ayons adressé à ce grand citoyen, est son passage aux Anglais. Sa désertion du camp national, après avoir juré de demeurer fidèle à la France, nous a semblé une faute grave en politique, une tache déplorable sur une vie si pure, et nous avons eu le courage de le dire hautement.

« Eh quoi! continue M. Tomaseo, tandis que la France entoure de

» respect et de sympathie la mémoire des Girondins qui, députés de la
» France, essayèrent de la démembrer pour la soustraire au joug de la
» terreur, n'est-il pas étrange que les Corses ne voient, dans une con-
» duite pareille, qu'une trahison condamnable? Fallait-il attendre,
» pour se séparer de la France, que la Corse fût livrée à son tour
» aux mains des bourreaux, que le sang vînt rougir les places publiques,
» qu'elle eût aussi ses temples profanés, ses lanternes homicides et ses
» noyades de Nantes? »

Vaines terreurs! appréhensions chimériques! De pareils excès n'étaient guère à craindre en Corse. Il suffit, et l'auteur en convient, d'une démonstration énergique de la part de la garde nationale, pour rassurer les plus timides et effrayer les plus exaltés d'entre les sans-culottes du Midi. D'ailleurs, cet acte de la vie politique de Paoli a été diversement apprécié. Un écrivain dont on ne peut pas plus contester le talent que le dévouement à la France, M. Pompey s'abstient de prononcer. Après avoir résumé toutes les considérations qui, à notre avis, expliquent, mais ne justifient point la défection du général, cet historien ajoute: « J'ai peine moi-même, je le sens, à me payer de ces excuses (le mot est significatif); mais, malgré mon invincible attachement à un royaume dont la Corse fait partie depuis cinquante ans, je m'abstiens de prononcer sur la conduite de Paoli dans cette conjoncture, également impuissant à l'accuser et à l'absoudre. »

On nous oppose l'exemple des orateurs de la Gironde, employant le crédit de leur haute position et l'éloquence qui avait tant de fois entraîné les assemblées, à insurger les provinces contre la capitale. Cet exemple est mal choisi. Qu'y a-t-il de commun et quelle similitude peut-on établir entre la Gironde et le parti anglais? Vergniaud, Gensonné et leurs amis eurent tort sans doute de chercher à isoler la Convention, à la séparer du reste de la France, alors qu'elle n'avait jamais eu un plus grand besoin d'ensemble dans les mouvements, d'union dans les forces et les sentiments. Mais, après tout, on ne vit point les Girondins appeler les armées austro-autrichiennes et ouvrir devant elles les portes de la France. Le parti de la Montagne pouvait les trouver rebelles et les condamner comme coupables. La nation ne les rangea jamais au nombre des traîtres. Les partisans les plus sincères, les plus ardents de la Révolution, les démocrates les plus avancés dans leurs idées, gémirent sur l'erreur de cette opposition hostile, intempestive, qui les conduisit bientôt de la tribune à l'échafaud, sans pouvoir refuser des regrets à leur mort, ni l'estime à leur caractère. Leurs derniers accents furent: Vive la patrie! Vive la liberté! Ils mouraient fidèles à la cause qu'ils avaient servie avec tant d'enthousiasme et défendue avec tant d'éloquence. Franchement, peut-on en dire autant de Paoli et des Corses qui, pour échapper à la crainte de la proscription, ou à des périls éloignés, se jetaient dans les bras des Anglais? Assurément non. Ouvrir les portes de Bastia, d'Ajaccio et de Saint-Florent devant les escadres anglaises, ce n'était pas se séparer d'un parti oppresseur, c'était élever à jamais une barrière, c'était placer un abîme entre la Corse et la France.

On objecte encore que la hache révolutionnaire, demeurant sans cesse suspendue sur toutes les têtes, menaçant également, et les hommes suspects de royalisme et ceux qui avaient le mieux mérité de la patrie, il était tout naturel que Paoli et les siens cherchassent un abri sous le pavillon de la Grande-Bretagne.

D'abord, nous contestons que le danger fût aussi grave, aussi imminent qu'on paraît le penser. Paoli, il est vrai, avait été jugé sans être entendu. On le sait, les soupçons les plus absurdes étaient des preuves. La patrie alors passait avant les hommes. Au reste, les trahisons étaient si nombreuses qu'on y croyait sans examiner si elles n'étaient pas d'odieuses inventions de l'esprit de parti; si, en les dénonçant après les avoir créées, on ne cherchait pas plutôt à perdre un ennemi ou à renverser un rival, qu'à sauver la république. D'un autre côté, les rapports que Paoli conservait avec quelques personnages de l'aristocratie anglaise ne pouvaient-ils pas être pris pour des intelligences coupables avec le cabinet de Saint-James? On comprend que, dans une pareille situation, toutes ses pensées devaient passer pour des complots, ses actes mêmes les plus innocents présenter le caractère d'une manifestation politique. Et pourtant, dès que sa réponse aux imputations de ses adversaires parvint au Comité de salut public, le décret par lequel on l'avait mis hors la loi fut rapporté: preuve manifeste que la Convention avait aussi des retours de justice et de modération, et que, s'il était facile de l'entraîner à des mesures violentes, elle n'aimait pas mieux que d'être détrompée. Que de fois ne l'a-t-on pas vue revenir avec le plus vif empressement sur l'erreur où elle était tombée, et absoudre le lendemain ceux qu'elle avait condamnés la veille?

Frappé dans un moment de surprise et de colère, Paoli aurait reçu bientôt de la part de la Convention, mieux éclairée sur sa conduite, des témoignages éclatants de confiance et d'estime. Il était impossible qu'elle ne fit pas une distinction toute naturelle entre lui et Pozzo di Borgo.

C'était en vain que le futur représentant de la Russie cherchait à identifier sa position avec celle de Paoli. L'un était le martyr, le vétéran de la liberté; l'autre n'en avait pris le masque que pour la trahir. Mais supposons le contraire, supposons que la Convention eût persisté dans ses injustes préventions; que cette tête blanchie dans les longs combats livrés au despotisme étranger fût réellement promise à l'échafaud, nous n'en pensons pas moins que le devoir du commandant de la division était de défendre le pays confié à sa garde contre l'invasion des troupes anglaises, sauf à s'éloigner du territoire de la République, s'il était vrai qu'il ne lui restât plus d'autre moyen de sauver sa tête proscrite et de la défendre loyalement.

Que pense M. Tomaseo de ceux qui, après avoir prêté serment de fidélité entre les mains du gouvernement provisoire et promis à la face de l'Italie entière de défendre de leur sang la constitution napolitaine, ont, à l'approche des bataillons autrichiens, lâchement déserté le poste avancé où les avait placés la confiance du pays? N'est-il pas le premier à les flétrir de toute la réprobation qui appartient à la parole d'un honnête homme? Bien plus, si Paoli a pu sans crime livrer la Corse aux Anglais, de quel droit pourrait-on condamner Dumouriez d'avoir voulu livrer la France aux armées de la coalition; Bourmont, d'avoir passé à l'ennemi?

On insiste toujours et l'on dit : Paoli s'était engagé à respecter et à faire respecter aux autres la constitution de 1791; cette constitution n'existant plus, ne devait-il, ne pouvait-il pas se croire délié de ses serments? Ne faisons pas un jeu de mots d'une haute question de moralité publique. Ce serment de fidélité, c'était la nation qui l'avait reçu et enregistré dans la personne et en la présence de ses représentants. En appelant les Anglais en Corse le lendemain de l'incendie de nos arsenaux; en abritant dans les ports d'une île française ceux que son jeune compatriote venait à peine de chasser de la rade de Toulon,

ce n'était pas seulement de la faction démagogique dont il se séparait, c'était de la France tout entière. Pour préserver ses concitoyens des menaces et des fureurs d'un parti, il les divisait en deux camps : d'une part, le drapeau de la République, cet emblème glorieux de l'affranchissement des peuples; de l'autre, le pavillon de l'Angleterre, ce pavillon qui, à cette époque du moins, promettait la liberté et n'apportait que l'esclavage. Cette raison n'est donc ni plus admissible ni plus vraie que celle tirée de la nécessité d'éloigner de la Corse les horreurs de l'anarchie et les supplices expéditifs de la lanterne. Nous en trouvons une preuve de plus dans le manifeste publié au nom de l'assemblée générale séante à Corte au mois de juin 1794; on lit ces mots : « Cette révolution, qui devint générale sur le continent
» de la France, s'accomplit parmi nous sans aucun de ces carac-
» tères de férocité dont elle fut malheureusement marquée dans plus
» d'un endroit et dans plus d'une circonstance. Nous reçûmes les
» premières lois de l'Assemblée constituante sans la moindre com-
» motion, et jurâmes d'observer la constitution qu'elle avait dé-
» crétée avec le consentement de la nation. » (*Lettres de Paoli*, p. 494. Tomaseo.)

Ce manifeste, écrit et publié pour motiver la révolte contre la France, ou, si l'on aime mieux, cette levée de boucliers contre l'*autorité de la Convention*, nous fournira une autre réponse plus péremptoire. Vous affirmez, dirons-nous encore à M. Tomaseo, que les violences et l'exaltation des marins de la flotte française dirigée contre la Sardaigne et des volontaires du Midi en étaient venues à un tel point, qu'il ne restait plus aux Corses que deux partis à prendre : présenter la gorge à la corde et au fer, ou en appeler à l'énergie nationale par une prompte insurrection. Eh bien, nous maintenons que c'est encore là une erreur manifeste, et nous le maintenons avec le décret de l'assemblée générale de Corte. Voici ce qu'on y lit : « Tel
» était le dessein des milices provinciales qui débarquèrent à Saint-
» Florent et se portèrent à Bastia, mais qui *furent contenues par la*
» *fermeté des Corses*, bien qu'elles eussent déjà publié les tables de
» proscription et promené dans les rues de la ville les instruments
» de la mort. » Il est évident que, à part quelques scènes de dés-ordre inséparables des temps d'effervescence et de révolution, la vie des citoyens paisibles ne courut aucun danger sérieux. La sécurité,

ce sont les partisans de l'Angleterre qui le disent, ne fut que momentanément troublée; grâce à l'excellent esprit et à l'attitude ferme et noble de la population, les terroristes éprouvèrent plus de peur qu'ils n'en inspirèrent aux autres.

N'est-il donc pas évident que ce n'est pas dans la menace de la proscription des personnes et des propriétés, dans le vain épouvantail de l'échafaud qu'il faut chercher la véritable cause du mouvement insurrectionnel dont les Anglais profitèrent avidement, moins pour occuper la Corse (ils savaient que cette occupation ne pouvait être durable) que pour avoir une station de plus dans la Méditerranée, et réparer en attendant, dans le repos d'un bon mouillage et sous la protection des batteries, les pertes considérables que la flotte avait essuyées au siége de Toulon. Ce qui, à notre avis, amena l'insurrection, ce furent des rivalités locales, l'antagonisme des noms et des familles jalouses d'acquérir ou de conserver une sorte de prééminence sociale et la haute main sur toutes les affaires politiques du pays.

Si la Convention nationale n'y eût pas envoyé une députation de trois membres soupçonnés, à tort sans doute, de vouloir favoriser un parti aux dépens de la majorité des habitants, soit par une distribution exclusive de tous les emplois, soit par la confiscation des biens, soit par des listes de suspects, peut-être n'eût-on jamais songé à se séparer de la métropole, tant il est vrai que les plus grands événements s'expliquent souvent par les causes les plus légères!

Ce qui nous confirme dans cette opinion, c'est que nulle part au monde on ne redoute tant l'influence des familles, on ne tolère moins l'orgueil et la prépotence d'une caste, d'une coterie. De toutes les dominations c'est la plus odieuse. Les Corses aiment la liberté; mais il est un bien qu'ils chérissent tout autant, un droit dont ils sont encore plus jaloux, c'est l'égalité : sur ce point il n'y a aucune composition à attendre. On se soumet au pouvoir, on respecte dans le fonctionnaire le caractère d'homme public dont il est revêtu; on fléchit devant la portion d'autorité qui lui est déléguée, mais c'est à la condition qu'il n'en abusera pas dans l'intérêt d'une famille, d'un parti. Le jour où il veut en user pour accroître sa force et sa prééminence locale, sa position change, et avec elle changent aussi les dispositions et les rapports de ses concitoyens; à la soumission succède bientôt la résistance. Le chef de parti a beau se cacher sous l'habit du fonctionnaire, il a beau protester de son impartialité, de son amour de la justice, prendre tous les dehors d'un homme modéré et consciencieux : soins inutiles, peines perdues ! les adversaires ne s'en défient pas moins.

Aussi, la protestation du 1ᵉʳ mai 1794, si ferme, si énergique, était-elle dirigée contre les membres de la députation bien plus que contre la France. On redoutait tout autant l'influence du représentant du peuple Salicetti que le décret de la Convention. Il suffit de lire certains passages de la lettre circulaire adressée par Paoli à ses compatriotes pour s'en convaincre.

Quoi qu'il en soit, l'alliance politique de Paoli avec les Anglais fut une faute grave, la seule où cet homme d'État soit tombé dans sa longue carrière ; et, quoiqu'il nous en coûte de le répéter, nous n'en persistons pas moins dans le jugement que nous avons émis, en appréciant ailleurs cet acte de sa vie. Et cependant, qui plus que nous admire les grandes ressources de cet esprit supérieur ? qui plus que nous respecte et chérit son nom ? Toutes ses pensées ne furent-elles pas des inspirations de patriotisme ? Ceux-là mêmes qui provoquèrent contre lui la colère des clubs et les impitoyables rigueurs du Comité de salut public ont été obligés d'avouer que sa vie fut un long dévouement au pays. Quand il ne pouvait plus le servir activement à la tête des affaires, quand ses forces affaiblies nécessitèrent le repos d'une honorable retraite, quand les destinées de la Corse furent confiées à d'autres mains, Paoli ne se crut pas quitte envers elle ; si sa position avait changé, ses sentiments étaient les mêmes : c'était pour elle qu'il gardait les épargnes de l'exil. Après avoir défendu au prix de ses jours et des plus rudes travaux les droits sacrés et imprescriptibles de la nation, il voulut consacrer à l'instruction de ses jeunes compatriotes les débris de sa fortune, le peu d'argent qu'il n'avait pas distribué aux fidèles compagnons de son exil : de là la fondation d'un institut national au centre de l'île pour que la lumière se répandît au loin, pour que l'instruction fût mieux répartie et profitât davantage aux classes du peuple. Il voulait rétablir ainsi entre les conditions sociales l'équilibre que le sort avait rompu, compenser les injustices de l'un par les avantages de l'autre. Ses intentions patriotiques et libérales ne furent ni comprises ni remplies. Après avoir détourné une partie des fonds de leur destination, on ne respecta pas davantage ses volontés. Ce n'était pas pour former des demi-savants, mais des hommes à la fois meilleurs et utiles, qu'il avait établi des cours de sciences exactes et de morale. Il emporta dans la tombe les espérances qu'il avait fondées sur l'exécution large et intelligente de son testament. Au mois de mars 1805, il s'adressait au préfet de l'Empire, administrateur trop bon patriote, trop éclairé pour ne pas apprécier ce qu'il y avait de généreux, d'élevé dans sa pensée et ses vœux. « Pourrait-il y avoir » pour mes vieux jours une consolation plus douce que d'apprendre, » écrivait-il de Londres au préfet Piétri, que ma volonté testamen- » taire s'est accomplie de façon à répondre aux désirs de mon cœur » et aux intérêts de notre intelligente jeunesse? » C'était clore dignement une vie consacrée tout entière au pays.

M. Tomaseo déplore que son ouvrage, resté inachevé sous l'Empire, n'ait pas reçu, depuis lors, l'organisation et le complément qu'il eût été pourtant si facile de lui donner. D'accord sur ce point; mais il est dans les destinées de la Corse que les plus belles idées, les meilleures créations échouent.

Il n'entre pas dans le but de ces observations fugitives d'en signaler la véritable cause; il nous faudrait pour cela plus de temps et plus d'espace. Nous dirons, toutefois, que ce n'est pas à des étrangers qu'il appartient de faire entendre, en notre nom, des plaintes amères. Nous croient-ils donc assez simples pour ne pas nous apercevoir qu'elles renferment plus de haine contre l'administration française que de sympathies pour nos malheurs? Qu'on se désabuse. Les Corses ont trop de pénétration dans l'esprit pour s'y méprendre. Quand ils rapprochent les divers régimes sous lesquels ils ont vécu, et comparent la *langueur orageuse* du passé avec la marche progressive du présent, ils trouvent encore de puissantes raisons de préférer le gouvernement de la France à tous les gouvernements qui l'ont précédé.

Libre à M. Tomaseo de penser et d'écrire le contraire, libre à lui de croire qu'une administration anglaise eût fait davantage pour le bonheur de la Corse. Nous savons qu'elle nous promettait, en effet, tous les biens de l'âge d'or. Mais nous n'en mettons pas moins au nombre des époques calamiteuses du pays celle où le simulacre d'une constitution éphémère et aussitôt violée l'associa, sans l'unir, aux Trois-Royaumes ; bientôt son sort eût été celui de l'Irlande.

Attachés à la France par les liens de l'adoption politique, ce ne sera pas lorsque nous jouissons, dans toute leur plénitude, des droits constitutionnels, lorsque les distinctions injurieuses qui blessaient également la fierté de nos caractères et les lois de la justice ont disparu sans retour, en dépit des pessimistes rétrogrades et des velléités despotiques de quelques fonctionnaires à vues étroites, à préventions injustes, que gênent dans leurs actes arbitraires les entraves de la légalité et qui ne se sentent à l'aise que sous le régime du bon plaisir; ce ne sera pas quand les différences des goûts, des habitudes, des coutumes s'effacent chaque jour davantage ; que le drapeau de Marengo et de Wagram est devenu, en quelque sorte, depuis la révolution de 1789, le point de ralliement et comme le domicile constant de plus de huit mille d'entre nous; ce ne sera pas depuis la visite d'un prince, trop tôt ravi à notre amour, à qui il avait suffi de se montrer à la Corse, pour entraîner tous les cœurs après soi, que l'on pourra réussir à nous séparer de la France.

On l'espéra en 1814; les souffrances du commerce intérieur, le complet oubli dans lequel l'Empereur l'avait laissé tomber, des abus de pouvoir et de criantes injustices, l'insolent mépris des droits que les Corses aiment et respectent le plus, le poids d'impôts capricieusement répartis, la railleuse indifférence avec laquelle on écoutait les réclamations les plus légitimes, toute cette longue chaîne de maux et de vexations, y avait excité un tel mécontentement, une exaspération si profonde, que de vieux pensionnaires de l'Angleterre, soutenus par de faux royalistes et de vils transfuges de l'Empire, crurent le moment favorable pour nous replacer sous la domination de cette puissance. Cette malencontreuse tentative ne servit qu'à faire mieux éclater le dévouement du parti français, c'est-à-dire de l'immense majorité, et à couvrir d'un opprobre éternel le nom des suppôts de l'étranger.

Comment n'avaient-ils pas compris que nous séparer de la France, c'était déchirer en même temps les plus belles pages de notre histoire, c'était outrager les cendres de tous les braves morts vaillamment pour sa défense, à côté des héros de nos grandes armées? Nous séparer de la France!..... mais n'est-ce pas sur ce sol que reposent les dépouilles mortelles de l'Empereur? Est-ce une escadre sortie des ports de Livourne, de l'Adriatique ou de Naples qui est allée les chercher sur le rocher de Sainte-Hélène? Est-ce à la tête des Français ou des

Italiens, qu'il a vaincu les rois de l'Europe et porté si loin la puissance de ses armes, la gloire de notre île?

Entre nous et la France continentale il y cinquante ans de périls et de gloire, des serments de fidélité, la joie des succès, la douleur des revers, le baptême du sang versé glorieusement sur tous les champs de bataille de l'Europe ; et, ce qui resserre et raffermit mieux encore tous ces liens, ce qui sera à jamais, dans la bonne comme dans la mauvaise fortune, un gage de sympathie et d'union, c'est précisément le nom si populaire, le souvenir si respecté de l'Empereur.

Redisons-le donc, l'espoir d'un divorce politique entre la jeune et la vieille France n'est pas la moins grossière des illusions qui abusent les rêveurs italiens.

Cependant, tout absurdes qu'elles sont, c'est avec regret que nous voyons ces idées passer la mer Toscane et se répandre au sein du pays. En présence d'une jeunesse essentiellement belliqueuse, que le moindre bruit de guerre exalte et transporte; d'une jeunesse aventureuse par ambition, guerrière par instinct, toujours prête à se précipiter à l'envi dans les hasards et les périls, qui a plus besoin de calme que de surexcitation, des paisibles travaux de la paix que des exercices du camp, quoi de plus dangereux que la propagation de pareilles idées? Qui ne sent que c'est jeter et entretenir, au milieu de la population, un ferment d'agitation sociale? Il faut à la Corse des fermes modèles, et non pas des campements; des agronomes intelligents, et non pas des recruteurs de volontaires; des bras pour défricher les terres, et non pas pour porter des armes; des exhortations à la concorde et au travail, et non pas de sourdes provocations à la guerre et aux soulèvements. Aussi ne voyons-nous pas, sans une vive inquiétude, les futurs promoteurs de l'indépendance péninsulaire placer parmi nous le corps de réserve, ou plutôt l'avant-garde de l'armée insurrectionnelle, appelée, dit-on, à l'affranchir complétement du joug étranger. Ce n'est pas sans douleur que nous les entendons représenter à cette jeunesse intelligente, mais crédule, que cette cause est aussi la nôtre; que combattre pour la liberté de l'Italie, c'est renouer la chaîne des temps et des traditions que les vicissitudes seules ont eu le pouvoir de briser. De bonne foi, n'est-ce pas la tromper? Évidemment; car le sang des Corses ne doit plus couler que pour la France. Son drapeau, voilà notre guide ; sa grandeur, voilà le premier de nos intérêts. C'est à la voix seule de la France que nous devons répondre. Tout appel qui ne vient pas de ce côté doit nous trouver sourds et indifférents.

Placée en face et le long de la Méditerranée, c'est-à-dire près du théâtre ou plutôt au centre même du vaste champ clos où doivent se décider les grandes questions de balance européenne, de guerre et de paix, la Corse est naturellement destinée à jouer un rôle important dans les querelles imminentes dont la prévision est dans l'esprit des hommes d'État et les calculs politiques des cabinets. Ce rôle, dont elle accepte d'avance les périls et la gloire, est d'être, dans la faible mesure de ses forces, la sentinelle avancée de la France. Quand ce moment décisif sera venu, les Corses, les regards tournés vers elle, obéiront avec dévouement et bonheur au signal et aux inspirations qui partiront des ports de Toulon et de Marseille. Mais, jusque-là, qu'on ne cherche point à agiter, par tout ce qui peut impressionner le plus vivement les masses, la forte et intéressante jeunesse de nos montagnes.

Il y a sur cette terre de commune, dans cet antique berceau de la liberté insulaire, un penchant si naturel, si irrésistible à la guerre, des hommes si préparés pour toute sorte de combats, si disposés à s'aventurer dans les entreprises les plus périlleuses, que l'annonce d'un mouvement politique, d'une démonstration armée, d'un débarquement sur les côtes de l'île ou d'une descente sur celles de nos voisins, suffisent pour les tenir en haleine, au grand dommage de l'industrie, de l'agriculture, et surtout de la sécurité générale, ce premier besoin du pays. On n'a, pour les faire courir aux armes, qu'à frapper les rochers de la crosse d'un fusil; soudain, soyez-en sûr, on en verrait sortir des milliers de soldats. C'est le vieux coursier qui a senti l'aiguillon. L'oreille tendue vers la mer, au moindre bruit, au souffle le plus léger, ils se penchent du côté du rivage, curieux et impatients d'apprendre si le son vague qui les frappe, n'est pas le choc de deux armées ennemies; si les nuages qui s'élèvent du sein de la Méditerranée ne sont pas la fumée rougeâtre d'un combat naval; si les bâtiments qui s'avancent vers le littoral ne viennent pas chercher des marins pour nos flottes, et des soldats pour nos armées de terre. Témoin les quatre cents volontaires qui, groupés autour du roi Murat, fugitif et proscrit, le suivirent, après les Cent-Jours, du golfe d'Ajaccio dans l'infâme guet-apens du Pizzo, où les plus dévoués faillirent avoir le sort de ce prince infortuné. Cependant tout le monde prévoyait ce tragique dénouement, le péril était certain et le succès douteux. Mais les mots de guerre et de combats avaient été prononcés par un guerrier qui avait pris une part glorieuse à tous ceux de la Révolution et de l'Empire, et ces mots auront toujours le pouvoir d'éveiller tout ce qu'il y a d'instinct belliqueux au fond de nos cœurs. On dirait que, pareils aux plantes qui pour croître et se développer ont besoin d'une température brûlante, les jeunes Corses ne sont heureux et ne se montrent ce qu'ils valent, que lorsque l'odeur de la poudre les enivre et que l'aspect du péril les exalte.

Aussi, que se passe-t-il, que voyons-nous maintenant dans quelques communes de l'intérieur de l'île? Des rassemblements considérables sous le nom de *Pinnuti*. Quel est le but de ces meetings d'une nouvelle espèce? de quoi s'y occupe-t-on? quelles sont les questions qu'on y agite? Nous serions fort embarrassés de le dire. Peut-être les chefs invisibles de ces réunions ne le savent-ils pas plus que nous. Ce qu'il y a pourtant de bien certain, c'est que l'on y parle, avec plus ou moins de réserve, de révolution, d'affranchissement, d'indépendance italienne; c'est que les mots de gouvernement provisoire, de confédération entre les divers États de la péninsule, de congrès national, mots dont la plupart ne comprennent ni le sens ni la portée, qui peuvent flatter les goûts et les penchants de cette brillante jeunesse, mais qui, assurément, laissent les esprits dans l'incertitude sur ce que l'on désire et sur ce que l'on veut entreprendre; ces mots, après avoir circulé sourdement parmi le petit nombre des initiés, passent bientôt de proche en proche, et de groupe en groupe, dans l'assemblée tout entière. Qu'en résulte-t-il? c'est qu'emportés par ce désir vague, mais réel, indéterminé, mais constant, de je ne sais quelle gloire à acquérir, quel gouvernement représentatif à fonder, quels ennemis à combattre, on les voit déserter à la hâte les champs et la bergerie, renonçant, pour courir follement après des chimères et des illusions, aux travaux obscurs, mais utiles, aux plaisirs moins bruyants, mais plus purs, plus durables de la vie rurale.

Ils sont bien coupables les hommes qui, pour satisfaire la funeste ambition du commandement, de l'influence et des honneurs, ne craignent pas de communiquer ainsi la fièvre qui les agitent à des populations naturellement inquiètes, et qu'il faudrait plutôt s'appliquer à apaiser.

Nous n'avons plus qu'un mot à dire à M. Tomaseo: Quand la Corse voulut ressaisir ses droits violés et méconnus pour en confier le dépôt et la garde au patriotisme et au courage de ses enfants; quand elle voulut, après avoir déjoué les combinaisons d'une politique rusée, et repoussé les attaques de la force brutale, s'élever de cet abaissement passager au rang des nations indépendantes et libres, elle ne mit l'espoir du succès que dans la haine de l'oppression et l'énergie des communes; elle ne compta jamais que sur leur dévouement. Ce fut là son levier, son point d'appui. Le secours de l'étranger ôte tout le mérite, tout le prix de l'indépendance lorsqu'il ne la remet pas en question. L'histoire ne nous apprend-elle pas que les interventions désintéressées sont fort rares, et que très-souvent elles aboutissent à substituer un maître à l'autre, une domination nouvelle déguisée sous le mot d'alliance, à un despotisme ancien, usé, et par conséquent moins redoutable? Si la Corse eût attendu, pour briser ses chaînes et asseoir solidement l'édifice de sa nationalité, que les peuples voisins vinssent l'aider dans la lutte, elle serait encore dans l'humiliation et les misères de l'esclavage. On n'est digne de la liberté qu'autant qu'on se sent la force de la conquérir. « La nature avait pourvu à notre défense, disait l'amant de Laure, en plaçant le rempart des Alpes entre nous et la race germanique. » Si cette barrière s'est abaissée, à qui la faute? Ce n'était pas dans le défilé des Thermopyles, mais plutôt dans le courage des trois cents Spartiates, que la Grèce assaillie avait mis l'espoir de son indépendance.

A l'exemple du grand agitateur de l'Irlande, qui menaçait sans cesse l'oligarchie anglaise du rappel de l'Union, certains démocrates de l'Italie, fort honorables d'ailleurs, poussent secrètement les Corses à rentrer dans ce qu'ils nomment leur ancienne patrie.

Mais peut-on dire, de bonne foi, que la position de ces deux peuples soit la même? « L'union entre l'Irlande et l'Angleterre ne fut
» ni un traité ni un pacte. Elle a été imposée par la violence, la
» fraude, la terreur, la torture, la corruption. Elle n'a aucun pou-
» voir obligatoire, parce qu'elle est un fait de force majeure. Elle
» n'est plus qu'un mot. Les deux pays ne sont plus unis; c'est ainsi
» que s'éteignit l'indépendance de l'Irlande, ainsi que fut consommé

www.ingramcontent.com/pod-product-compliance
Lightning Source LLC
Chambersburg PA
CBHW060912050426
42453CB00010B/1687